The Monster Party And Other Bilingual German-English Halloween Stories for Kids

Pomme Bilingual

Published by Pomme Bilingual, 2024.

THE MONSTER PARTY AND OTHER BILINGUAL GERMAN-ENGLISH HALLOWEEN STORIES FOR KIDS

First edition. October 4, 2024.

ISBN: 979-8227811844

Written by Pomme Bilingual.

Table of Contents

Der schreckliche Halloween-Zauberer

Es war der Abend vor Halloween, und der junge Max war aufgeregt. Überall in der Nachbarschaft waren Kürbisse aufgestellt, und die Kinder bereiteten sich auf das große Süßigkeiten-Sammeln vor. Max hatte seine beste Kostüm gewählt: Er war ein mutiger Ritter mit einer glänzenden Rüstung und einem Schwert aus Pappe.

Als die Dämmerung einsetzte, beschloss Max, noch eine letzte Runde durch den nahegelegenen Park zu drehen. Während er durch die bunten Blätter wanderte, bemerkte er ein schimmerndes Licht hinter einem alten Baum. Neugierig näherte er sich und entdeckte ein geheimnisvolles, leuchtendes Buch, das auf dem Boden lag.

Max konnte der Versuchung nicht widerstehen. Er öffnete das Buch und begann zu lesen. Plötzlich, mit einem lauten Knall, erschien ein verrückter Zauberer in einem wirbelnden Wirbel aus bunten Funken.

„Ich bin Zauberer Flimmerfunke!", rief der Zauberer mit einer Stimme, die wie Glöckchen klang. „Und ich bin hier, um Halloween zu feiern!"

Max wollte gerade weglaufen, als Zauberer Flimmerfunke seine Hände hob und rief: „Süßes oder Saures wird jetzt aufregend!"

In diesem Moment begann das Chaos. Der Zauberer zauberte fliegende Süßigkeiten, die durch die Luft wirbelten und überall auf die Nachbarn niedergingen. Kürbisse rollten über die Straßen, und die Geisterkostüme der Kinder begannen zu tanzen und zu singen. Es war ein riesiges Durcheinander!

Max wusste, dass er etwas tun musste. „Hey, Zauberer Flimmerfunke!", rief er mutig. „Das ist nicht das richtige Halloween! Du musst aufhören!"

„Warum sollte ich?", fragte der Zauberer und schwebte in die Luft. „Es macht so viel Spaß!"

Max überlegte kurz. Dann hatte er eine Idee. „Was wäre, wenn wir einen Wettbewerb veranstalten? Wenn ich gewinne, musst du aufhören. Wenn du gewinnst, kannst du dein Chaos weitermachen!"

Der Zauberer lachte. „Ein Wettbewerb? Das klingt interessant! Was hast du im Sinn?"

„Ein Rätsel!", schlug Max vor. „Wenn du es nicht lösen kannst, musst du aufhören!"

Flimmerfunke stimmte zu. Er liebte Rätsel! Max dachte kurz nach und stellte dann die Frage: „Was wird größer, je mehr du nimmst?"

Der Zauberer kratzte sich am Kopf. Er dachte an alles, was er kannte: Süßigkeiten, Kürbisse, Geister. Doch nichts schien zu passen.

„Ich gebe auf! Was ist die Antwort?“, fragte der Zauberer frustriert.

Max grinste. „Es ist ein Loch! Je mehr du nimmst, desto größer wird es!“

Zauberer Flimmerfunke sah erstaunt aus. „Du bist clever, Max!“

Mit einem Winken seiner Hand stoppte der Zauberer das Chaos sofort. Die fliegenden Süßigkeiten fielen sanft zu Boden, und die Kürbisse hörten auf zu rollen. Die Geisterkostüme blieben stehen, als wären sie zu Stein erstarrt.

„Du hast gewonnen, Max!“, sagte Flimmerfunke. „Ich werde Halloween nicht verderben. Ich werde stattdessen die Süßigkeiten zaubern und den Kindern Freude bringen!“

Max lächelte. „Das klingt gut! Lass uns gemeinsam feiern!“

In diesem Moment zauberte Flimmerfunke jede Menge Süßigkeiten, die in den Himmel schwebten und fröhlich in die Nachbarschaft fielen. Die Kinder lachten und jubelten, während sie die Süßigkeiten einsammelten.

Und so wurde Halloween dank Max und dem schrecklichen Zauberer Flimmerfunke ein unvergessliches Fest voller Freude und Spaß!

The Terrible Halloween Wizard

It was the evening before Halloween, and young Max was excited. Everywhere in the neighborhood, pumpkins were displayed, and the children were preparing for the big trick-or-treating. Max had chosen his best costume: he was a brave knight in shiny armor with a cardboard sword.

As dusk fell, Max decided to take one last stroll through the nearby park. While wandering through the colorful leaves, he noticed a shimmering light behind an old tree. Curious, he approached and discovered a mysterious, glowing book lying on the ground.

Max could not resist the temptation. He opened the book and began to read. Suddenly, with a loud bang, a crazy wizard appeared in a swirling whirlwind of colorful sparks.

"I am Wizard Flimmerfunke!" shouted the wizard with a voice that sounded like bells. "And I'm here to celebrate Halloween!"

Max was about to run away when Wizard Flimmerfunke raised his hands and exclaimed, "Trick or treat is going to be exciting now!"

At that moment, chaos began. The wizard conjured flying candies that whirled through the air, raining down on the neighbors everywhere. Pumpkins rolled down the streets, and the children's ghost costumes began to dance and sing. It was a huge mess!

Max knew he had to do something. "Hey, Wizard Flimmerfunke!" he called out bravely. "This is not the right Halloween! You have to stop!"

"Why should I?" asked the wizard, floating in the air. "It's so much fun!"

Max thought for a moment. Then he had an idea. "What if we have a contest? If I win, you have to stop. If you win, you can continue your chaos!"

The wizard laughed. "A contest? That sounds interesting! What do you have in mind?"

"A riddle!" suggested Max. "If you can't solve it, you have to stop!"

Flimmerfunke agreed. He loved riddles! Max thought for a moment and then asked, "What gets bigger the more you take?"

The wizard scratched his head. He thought of everything he knew: candies, pumpkins, ghosts. But nothing seemed to fit.

"I give up! What's the answer?" asked the wizard, frustrated.

Max grinned. "It's a hole! The more you take, the bigger it gets!"

Wizard Flimmerfunke looked astonished. "You're clever, Max!"

With a wave of his hand, the wizard immediately stopped the chaos. The flying candies gently fell to the ground, and the pumpkins stopped rolling. The ghost costumes stood still as if turned to stone.

"You won, Max!" said Flimmerfunke. "I won't ruin Halloween. Instead, I will conjure candies and bring joy to the children!"

Max smiled. "That sounds great! Let's celebrate together!"

At that moment, Flimmerfunke conjured a lot of candies that floated into the sky and joyfully fell into the neighborhood. The children laughed and cheered as they collected the sweets.

And so, Halloween became an unforgettable celebration full of joy and fun, thanks to Max and the terrible Wizard Flimmerfunke!

Die Monster-Party

Es war eine dunkle und stürmische Nacht im Wald, und die Luft war erfüllt von Aufregung. Eine Gruppe von freundlichen Monstern hatte sich versammelt, um eine große Halloween-Party zu feiern. Die Monster waren bunt und lustig – ein grünes Ungeheuer mit großen Augen, ein rosa Monster mit einem breiten Grinsen und ein blaues Monster mit einer hohen, zotteligen Frisur. Sie hatten Luftballons, Lichter und jede Menge leckere Snacks vorbereitet.

„Es wird die beste Monster-Party aller Zeiten!", rief Grom, das grüne Ungeheuer, während er eine riesige Schüssel mit Monster-Popcorn auf den Tisch stellte.

„Ich kann es kaum erwarten, mit meinen Freunden zu tanzen!", sagte Wiggly, das rosa Monster, während sie ihre neuen Glitzerkostüme zeigten.

„Und ich habe die gruseligsten Lieder vorbereitet!", fügte Bobo, das blaue Monster, hinzu und hob einen alten Plattenspieler in die Höhe.

Während sie sich auf die Party vorbereiteten, bemerkten sie nicht, dass eine Gruppe von Kindern in den Wald wanderte. Die Kinder hatten von den schaurigen Geschichten über Monster gehört und waren neugierig, ob die Geschichten wahr waren.

„Ich wette, wir finden die Monster und machen eine tolle Halloween-Geschichte!", flüsterte Max, der mutigste der Kinder.

„Bist du dir sicher? Was, wenn sie uns fangen?", fragte Anna, die ein wenig ängstlich war.

„Keine Sorge! Wir sind schnell!", antwortete Max und führte die Gruppe tiefer in den Wald.

Als die Kinder näher kamen, hörten sie Musik und lautes Gelächter. Neugierig schlichen sie sich näher und entdeckten die Monster-Party. Aber die Monster bemerkten sie und waren plötzlich in Alarmbereitschaft.

„Oh nein! Menschenkinder! Was sollen wir tun?", rief Grom panisch.

„Wir dürfen nicht gruselig wirken!", sagte Wiggly und versuchte, ihr Grinsen zu verbergen.

„Wir müssen sie beeindrucken!", schlug Bobo vor. „Lasst uns zeigen, wie freundlich wir sind!"

Die Monster beschlossen, ihre besten Tänze zu zeigen. Sie sprangen und wirbelten, während sie lauten, fröhlichen Gesang anstimmten. Die Kinder schauten sich an und waren verwirrt. Die Monster sahen zwar gruselig aus, aber sie tanzten und sangen mit so viel Freude!

„Sie sind gar nicht so furchterregend!", murmelte Max. „Sie scheinen Spaß zu haben!"

Schließlich trauten sich die Kinder näher. „Ähm, hallo!", sagte Anna schüchtern. „Könnten wir mit euch feiern?"

Grom lächelte breit. „Natürlich! Willkommen auf der Monster-Party!"

Die Kinder wurden von den Monstern herzlich empfangen. Sie tanzten zusammen, spielten Spiele und aßen Monster-Popcorn. Max und seine Freunde entdeckten, dass die Monster viel mehr Spaß machten, als sie sich jemals vorgestellt hatten.

Am Ende der Nacht waren die Kinder und Monster die besten Freunde geworden. „Wir werden die besten Halloween-Partys zusammen feiern!", rief Wiggly fröhlich.

Als die Kinder den Wald verließen, waren sie glücklich und voller Geschichten, die sie ihren Freunden erzählen konnten. Sie hatten gelernt, dass nicht alles so gruselig ist, wie es scheint, und dass sogar Monster echte Freunde sein können.

Und so wurde die Monster-Party im Wald eine unvergessliche Feier voller Freude, Tanz und Freundschaft!

The Monster Party

It was a dark and stormy night in the woods, and the air was filled with excitement. A group of friendly monsters had gathered to throw a big Halloween party. The monsters were colorful and funny—a green creature with big eyes, a pink monster with a wide grin, and a blue monster with a tall, shaggy hairstyle. They had prepared balloons, lights, and plenty of tasty snacks.

"It's going to be the best monster party ever!" shouted Grom, the green creature, as he set a huge bowl of monster popcorn on the table.

"I can't wait to dance with my friends!" said Wiggly, the pink monster, as she showed off her new glittery costume.

"And I have the scariest songs prepared!" added Bobo, the blue monster, holding up an old record player.

As they prepared for the party, they didn't notice that a group of children was wandering into the woods. The children had heard spooky stories about monsters and were curious to see if the tales were true.

"I bet we'll find the monsters and make a great Halloween story!" whispered Max, the bravest of the kids.

"Are you sure? What if they catch us?" asked Anna, who was a little scared.

"Don't worry! We're quick!" replied Max, leading the group deeper into the woods.

As the children got closer, they heard music and loud laughter. Curiously, they crept closer and discovered the monster party. But the monsters noticed them and suddenly went on high alert.

"Oh no! Human children! What should we do?" cried Grom in a panic.

"We can't look scary!" said Wiggly, trying to hide her grin.

"We have to impress them!" suggested Bobo. "Let's show them how friendly we are!"

The monsters decided to show off their best dances. They jumped and twirled as they sang loud, cheerful songs. The children looked at each other in confusion. The monsters looked scary, but they were dancing and singing with so much joy!

"They're not scary at all!" murmured Max. "They seem to be having fun!"

Finally, the children dared to get closer. "Um, hello!" said Anna shyly. "Could we celebrate with you?"

Grom smiled widely. "Of course! Welcome to the monster party!"

The children were warmly welcomed by the monsters. They danced together, played games, and ate monster popcorn. Max and his friends discovered that the monsters were much more fun than they had ever imagined.

By the end of the night, the children and monsters had become the best of friends. "We will have the best Halloween parties together!" Wiggly exclaimed joyfully.

As the children left the woods, they were happy and full of stories to tell their friends. They learned that not everything is as scary as it seems and that even monsters can be real friends.

And so, the monster party in the woods became an unforgettable celebration full of joy, dance, and friendship!

Die geheimnisvolle Geisterbibliothek

Es war der Abend vor Halloween, und Lucy fühlte sich abenteuerlustig. Während sie durch ihre Nachbarschaft schlenderte, entdeckte sie ein altes, verlassenes Gebäude am Ende der Straße. Neugierig ging sie näher und las das Schild an der Tür: „Geisterbibliothek."

Lucy konnte der Versuchung nicht widerstehen und öffnete die Tür. Als sie eintrat, erblickte sie Regale voller Bücher, die in einem schimmernden Licht leuchteten. Es war still, aber sie hatte das Gefühl, dass etwas Magisches im Raum war.

Plötzlich schlug die Uhr zwölfmal. Mit jedem Glockenschlag begann die Bibliothek lebendig zu werden! Die Bücher auf den Regalen zuckten und fingen an, zu fliegen. Lucy schaute sich um und sah, wie ein großes, staubiges Buch auf sie zukam und sich öffnete.

„Willkommen, Lucy!", rief eine sanfte Stimme aus dem Buch. „Wir haben auf dich gewartet!"

Verwirrt fragte Lucy: „Wartet ihr auf mich?"

„Ja!", antwortete das Buch. „Wir erzählen Geschichten, die nur um Mitternacht lebendig werden!"

Lucy war fasziniert. „Was für Geschichten?"

„Halloween-Geschichten!", antwortete das Buch und begann, von einem mutigen Geist zu erzählen, der den Kürbissen half, sich zu verstecken.

Während sie den Geschichten lauschte, bemerkte Lucy, dass die Zeit schnell verging. Plötzlich hörte sie das Geräusch von schweren Schritten. Ihr Herz schlug schneller. Sie hatte gehört, dass die Bibliothek einen Geisterbibliothekar hatte, der die Bücher bewachte!

„Ich muss hier raus!", dachte Lucy und sah sich hastig um. Doch wo war der Ausgang?

In diesem Moment sah sie ein weiteres Buch, das sie neugierig anblickte. „Wenn du entkommen willst, musst du die richtige Geschichte finden!", flüsterte es. „Jede Geschichte hat einen Schlüssel zur Flucht!"

Lucy überlegte. „Wie finde ich die richtige Geschichte?"

„Folge dem Licht!", antwortete das Buch und leuchtete heller. Lucy rannte durch die Bibliothek und folgte dem glühenden Licht, während sie den Geschichten lauschte, die aus den anderen Büchern flogen.

Schließlich erreichte sie ein großes, goldenes Buch, das sich von den anderen abhob. „Das ist die Geschichte des mutigen Geistes!", rief das Buch. „Er hat das Geheimnis des Entkommens!"

Lucy öffnete das Buch und las die Geschichte über den Geist, der die Geisterbibliothek verlassen hatte. Der Schlüssel lag in der Mut und der Liebe zur Literatur! Mit einem tiefen Atemzug sprach sie die Worte des Geistes nach: „Ich glaube an die Macht der Geschichten!"

In diesem Moment begann die Bibliothek zu zittern. Die Bücher flogen um sie herum, und ein sanfter Wind wehte durch den Raum. Plötzlich öffnete sich ein Portal, das Lucy direkt nach draußen führte.

„Danke!", rief sie zu den Geisterbüchern, während sie durch das Portal sprang. Doch bevor sie ging, hörte sie die Stimme des Geisterbibliothekars, die freundlich klang: „Komm jederzeit zurück, Lucy!"

Lucy lächelte, als sie aus der Bibliothek trat. Sie wusste, dass sie ein unglaubliches Abenteuer erlebt hatte und dass die geheimnisvolle Geisterbibliothek immer auf sie warten würde.

Und so endete Lucys aufregende Nacht, aber ihre Liebe zu Geschichten und Abenteuern war erst am Anfang!

The Mysterious Ghost Library

It was the evening before Halloween, and Lucy felt adventurous. As she strolled through her neighborhood, she discovered an old, abandoned building at the end of the street. Curiously, she approached and read the sign on the door: "Ghost Library."

Lucy couldn't resist the temptation and opened the door. As she stepped inside, she saw shelves full of books glowing in a shimmering light. It was quiet, but she felt that something magical was in the air.

Suddenly, the clock struck twelve. With each chime, the library began to come alive! The books on the shelves twitched and started to fly. Lucy looked around and saw a large, dusty book approaching her, opening itself up.

"Welcome, Lucy!" called a gentle voice from the book. "We have been waiting for you!"

Confused, Lucy asked, "You were waiting for me?"

"Yes!" replied the book. "We tell stories that only come to life at midnight!"

Lucy was fascinated. "What kind of stories?"

"Halloween stories!" answered the book, beginning to tell a tale about a brave ghost who helped pumpkins hide.

As she listened to the stories, Lucy noticed that time was quickly passing. Suddenly, she heard the sound of heavy footsteps. Her heart raced. She had heard that the library had a ghost librarian who guarded the books!

"I need to get out of here!" thought Lucy, looking around frantically. But where was the exit?

In that moment, she saw another book that looked at her curiously. "If you want to escape, you must find the right story!" it whispered. "Each story has a key to your escape!"

Lucy pondered. "How do I find the right story?"

"Follow the light!" answered the book, shining brighter. Lucy ran through the library, following the glowing light while listening to the stories that flew from the other books.

Finally, she reached a large, golden book that stood out from the others. "This is the story of the brave ghost!" called the book. "He holds the secret to escape!"

Lucy opened the book and read the tale of the ghost who had left the ghost library. The key lay in courage and a love for literature! Taking a deep breath, she repeated the ghost's words: "I believe in the power of stories!"

In that moment, the library began to tremble. The books flew around her, and a gentle wind swept through the room. Suddenly, a portal opened, leading Lucy directly outside.

"Thank you!" she shouted to the ghost books as she jumped through the portal. But before she left, she heard the friendly voice of the ghost librarian: "Come back anytime, Lucy!"

Lucy smiled as she stepped out of the library. She knew she had experienced an incredible adventure and that the mysterious ghost library would always be waiting for her.

And so, Lucy's exciting night came to an end, but her love for stories and adventures was just beginning!

Der gruselige Kürbis

Es war Halloween, und Timmy war aufgeregt. In seinem Garten stand ein großer, orangefarbener Kürbis, den er für das Fest schnitzen wollte. Mit einem scharfen Messer schnitzte er ein grinsendes Gesicht in den Kürbis, und als er eine Kerze hineinstellte und sie anzündete, geschah etwas Magisches!

Plötzlich leuchtete der Kürbis hell auf und begann zu wackeln. „Hallo, Timmy!" rief der Kürbis mit fröhlicher Stimme. „Ich bin der gruselige Kürbis!"

Timmy konnte seinen Augen kaum trauen. „Du kannst sprechen! Wie ist das möglich?"

„Es ist Halloween! Da ist alles möglich!" antwortete der Kürbis und hüpfte fröhlich auf der Stelle. „Ich bin hier, um dir zu helfen, ein Abenteuer zu erleben!"

„Ein Abenteuer? Das klingt spannend! Was hast du vor?" fragte Timmy neugierig.

„Da gibt es eine schreckliche Vogelscheuche, die all die Süßigkeiten in der Stadt stehlen will! Wir müssen ihn aufhalten!"

Timmy war sofort begeistert. „Los geht's!"

Zusammen machten sich Timmy und der gruselige Kürbis auf den Weg in die Stadt. Unterwegs begegneten sie vielen gruseligen Kreaturen, aber der Kürbis war immer mutig und ermutigte Timmy, keine Angst zu haben.

Als sie die Stadt erreichten, sahen sie die freche Vogelscheuche, die sich mit einem großen Sack voller Süßigkeiten davonschlich. Sie lachte laut und rief: „Niemand kann mir meine Beute wegnehmen!"

„Oh nein! Wir müssen ihn aufhalten!" rief der Kürbis. „Ich habe eine Idee!"

Der Kürbis stellte sich vor die Vogelscheuche und rief: „Halt! Du kannst die Süßigkeiten nicht stehlen!"

Die Vogelscheuche blieb stehen und sah verwirrt den sprechenden Kürbis an. „Wer bist du, dass du mir sagen willst, was ich tun soll?"

„Ich bin der gruselige Kürbis! Und ich werde dich mit einem gruseligen Tanz vertreiben!"

Und so begann der Kürbis zu tanzen—er hüpfte und drehte sich, und seine fröhliche Energie war ansteckend. Timmy folgte ihm und tanzte mit. Die Menschen in der Stadt sahen zu, begannen zu klatschen und machten bei dem Tanz mit.

Die Vogelscheuche konnte nicht mehr das Gleichgewicht halten. „Das ist mir viel zu gruselig!" schrie sie und ließ den Sack mit den Süßigkeiten fallen. „Ich bin hier weg!"

Timmy und der gruselige Kürbis jubelten, als die Vogelscheuche davonrannte. Die Stadt war gerettet, und alle Süßigkeiten waren sicher!

„Danke, gruseliger Kürbis! Du hast mir geholfen, die Vogelscheuche zu vertreiben!" sagte Timmy.

„Wir haben es zusammen geschafft!" antwortete der Kürbis. „Jetzt lasst uns die Süßigkeiten mit allen feiern!"

Und so feierten Timmy, der gruselige Kürbis und die ganze Stadt eine große Halloween-Party, voller Lachen, Tanzen und natürlich vielen leckeren Süßigkeiten.

Von diesem Tag an wurden Timmy und der gruselige Kürbis die besten Freunde, und sie erlebten viele weitere Abenteuer zusammen. Halloween würde nie wieder dasselbe sein!

The Spooky Pumpkin

It was Halloween, and Timmy was excited. In his garden stood a big, orange pumpkin that he wanted to carve for the festivities. With a sharp knife, he cut a grinning face into the pumpkin, and when he placed a candle inside and lit it, something magical happened!

Suddenly, the pumpkin lit up brightly and began to wobble. "Hello, Timmy!" called the pumpkin in a cheerful voice. "I am the spooky pumpkin!"

Timmy could hardly believe his eyes. "You can talk! How is that possible?"

"It's Halloween! Anything is possible!" replied the pumpkin, bouncing happily in place. "I'm here to help you have an adventure!"

"An adventure? That sounds exciting! What do you have in mind?" Timmy asked curiously.

"There's a terrible scarecrow who wants to steal all the candy in town! We have to stop him!"

Timmy was immediately thrilled. "Let's do it!"

Together, Timmy and the spooky pumpkin set off toward the town. Along the way, they encountered many spooky creatures, but the pumpkin was always brave and encouraged Timmy not to be afraid.

When they reached the town, they saw the mischievous scarecrow sneaking away with a big sack of candy. He laughed loudly and shouted, "No one can take my loot!"

"Oh no! We have to stop him!" cried the pumpkin. "I have an idea!"

The pumpkin stepped in front of the scarecrow and shouted, "Stop! You can't steal the candy!"

The scarecrow paused and looked confused at the talking pumpkin. "Who are you to tell me what to do?"

"I am the spooky pumpkin! And I will scare you away with a spooky dance!"

And so the pumpkin began to dance—he hopped and twirled, and his joyful energy was contagious. Timmy followed him and danced along. The people in town watched and began to clap and join in the dance.

The scarecrow could no longer keep his balance. "This is way too spooky for me!" he shouted, dropping the sack of candy. "I'm out of here!"

Timmy and the spooky pumpkin cheered as the scarecrow ran away. The town was saved, and all the candy was safe!

"Thank you, spooky pumpkin! You helped me drive away the scarecrow!" said Timmy.

"We did it together!" replied the pumpkin. "Now let's celebrate the candy with everyone!"

And so Timmy, the spooky pumpkin, and the whole town celebrated a big Halloween party, full of laughter, dancing, and of course, lots of delicious candy.

From that day on, Timmy and the spooky pumpkin became the best of friends, and they had many more adventures together. Halloween would never be the same again!

Die Hexe und ihr fliegender Besen

Es war Halloween, und die junge Hexe Greta war aufgeregt, aber auch ein bisschen ängstlich. In ihrer kleinen Hütte, umgeben von schimmernden Spinnenweben und schwebenden Kürbislaternen, stand ihr neuer Besen, der glänzend und einladend aussah. Doch Greta hatte eine große Angst: Sie fürchtete sich davor, auf ihrem Besen zu fliegen.

„Oh, wie werde ich jemals die Hexe sein, die ich sein möchte, wenn ich nicht fliegen kann?", seufzte sie und strich über den Besen.

Ihr sprechender Kater Felix saß faul auf einem Fensterbrett und beobachtete sie mit einem skeptischen Blick. „Greta, du musst deine Angst überwinden! Es ist Halloween, und das Fliegen auf deinem Besen ist der beste Teil!"

„Aber was ist, wenn ich falle? Was ist, wenn ich mich verletze?", fragte Greta besorgt.

„Jede Hexe hat einmal Angst", antwortete Felix. „Der Schlüssel zu einem großartigen Halloween ist, sich seinen Ängsten zu stellen!"

Greta überlegte einen Moment. „Du hast recht, Felix. Ich will nicht, dass meine Angst mich davon abhält, Spaß zu haben!"

„Gut! Lass uns anfangen!", rief Felix aufgeregt. „Mach dich bereit für einen kleinen Flug!"

Zögernd stellte Greta ihren Besen auf den Boden. Sie atmete tief durch und setzte sich auf das Besenbrett. „Okay, ich kann das!"

Felix sprang neben sie. „Bereit? Ich zähle bis drei! Eins... zwei... drei!"

Mit einem Schwung des Besens hoben sie ab. Greta fühlte sich sofort schwerelos, und der Wind blies ihr durch die Haare. „Ich fliege! Ich fliege!", rief sie vor Freude.

Als sie durch die Luft schwebten, sah Greta die Welt von oben. Die bunten Blätter der Bäume, die leuchtenden Kürbisse und die festlich geschmückten Häuser sahen einfach wunderschön aus. „Das ist fantastisch!", rief sie.

„Sieh mal! Dort sind die anderen Hexen und Zauberer!", zeigte Felix auf eine Gruppe, die fröhlich in der Luft tanzte.

Greta fühlte sich mutig und flog näher zu den anderen. Sie winkte und lächelte. „Hallo! Schaut, ich fliege!"

Die anderen Hexen applaudierten und luden Greta ein, mit ihnen zu tanzen. Gemeinsam schwebten sie durch den Mondschein, und die Nacht wurde voller Lachen und Freude.

Nach einer Weile landeten Greta und Felix sicher wieder vor ihrer Hütte. „Das war das beste Halloween aller Zeiten!", rief Greta, immer noch voller Energie.

„Siehst du? Es ist immer gut, sich seinen Ängsten zu stellen!", schnurrte Felix zufrieden.

Von diesem Tag an hatte Greta keine Angst mehr vor dem Fliegen. Sie wusste jetzt, dass das Umarmen ihrer Ängste der Schlüssel zu vielen neuen Abenteuern war. Und so wurde sie eine der bekanntesten und mutigsten Hexen in ihrer Stadt, die jedes Halloween mit einem strahlenden Lächeln und ihrem fliegenden Besen feierte.

The Witch and Her Flying Broom

It was Halloween, and the young witch Greta was excited but also a little scared. In her small hut, surrounded by shimmering cobwebs and floating pumpkin lanterns, stood her new broom, which looked shiny and inviting. But Greta had a big fear: she was afraid to fly on her broom.

"Oh, how will I ever be the witch I want to be if I can't fly?" she sighed, stroking the broom.

Her talking cat, Felix, was lazily perched on a windowsill, watching her with a skeptical look. "Greta, you have to overcome your fear! It's Halloween, and flying on your broom is the best part!"

"But what if I fall? What if I get hurt?" Greta asked worriedly.

"Every witch is afraid at some point," replied Felix. "The key to a great Halloween is to face your fears!"

Greta thought for a moment. "You're right, Felix. I don't want my fear to keep me from having fun!"

"Great! Let's get started!" Felix exclaimed excitedly. "Get ready for a little flight!"

Hesitantly, Greta set her broom on the ground. She took a deep breath and sat on the broomstick. "Okay, I can do this!"

Felix jumped beside her. "Ready? I'll count to three! One... two... three!"

With a swoop of the broom, they took off. Greta immediately felt weightless, and the wind blew through her hair. "I'm flying! I'm flying!" she shouted with joy.

As they soared through the air, Greta saw the world from above. The colorful leaves of the trees, the glowing pumpkins, and the festively decorated houses looked simply beautiful. "This is fantastic!" she cried.

"Look! There are the other witches and wizards!" Felix pointed to a group dancing joyfully in the air.

Feeling brave, Greta flew closer to the others. She waved and smiled. "Hello! Look, I'm flying!"

The other witches cheered and invited Greta to dance with them. Together, they floated through the moonlight, and the night became filled with laughter and joy.

After a while, Greta and Felix landed safely back in front of their hut. "That was the best Halloween ever!" Greta exclaimed, still full of energy.

"See? It's always good to face your fears!" Felix purred contentedly.

From that day on, Greta was no longer afraid of flying. She now knew that embracing her fears was the key to many new adventures. And so she became one of the most well-known and courageous witches in her town, celebrating every Halloween with a beaming smile and her flying broom.

Das Geheimnis der verschwundenen Süßigkeiten

Es war kurz vor Halloween, und die Freunde Mia, Max, und Leo waren aufgeregt. In der Stadt gab es einen großen Süßigkeitenmarkt, und jeder freute sich darauf, die leckersten Süßigkeiten zu kaufen. Doch als sie zum Markt gingen, geschah das Unfassbare: Alle Süßigkeiten waren verschwunden!

„Das kann nicht sein! Wo sind die ganzen Süßigkeiten hin?", fragte Mia besorgt.

„Das müssen wir herausfinden! Lass uns Detektive werden!", schlug Max vor.

„Ja! Wir müssen den Fall lösen!", stimmte Leo zu, während er seine Lupe aus seiner Tasche zog.

Die drei Freunde machten sich auf den Weg, um Hinweise zu sammeln. Ihr erster Halt war bei der alten Frau Müller, die bekannt war für ihre köstlichen Karamellbonbons. „Frau Müller, haben Sie etwas Verdächtiges gesehen?", fragte Max.

„Hmm, ich habe den kleinen Hund von Herrn Schmidt gesehen, der um die Ecke geschlichen ist. Er hat einen merkwürdigen Geruch gehabt, als ob er Süßigkeiten gegessen hätte!", erzählte Frau Müller.

„Das ist interessant! Lass uns zu Herrn Schmidt gehen!", sagte Mia, und sie machten sich auf den Weg.

Als sie an Herrn Schmidts Haus ankamen, sahen sie den kleinen Hund, der mit einem Karamellbonbon im Mund herumtollte. „Herr Schmidt! Ihr Hund hat die Süßigkeiten gestohlen!", rief Leo.

„Mein Hund? Niemals! Er ist ein guter Junge! Vielleicht hat er sie nur gefunden", antwortete Herr Schmidt und schüttelte den Kopf.

Die Freunde waren nicht überzeugt. „Wir müssen noch mehr Verdächtige befragen", entschied Mia.

Ihre nächste Station war der Spielplatz, wo sie die freche Katze von Frau Schneider entdeckten. „Frau Schneider! Ihre Katze sieht so aus, als ob sie die Süßigkeiten gefressen hat!", rief Max.

„Oh, meine Katze ist immer hungrig, aber sie kann nicht einmal einen Keks stehlen!", lachte Frau Schneider.

„Hmm, es sieht so aus, als ob wir mehr Hinweise brauchen", sagte Mia enttäuscht.

Plötzlich kam ein kleiner Geist um die Ecke. „Hallo! Ich habe etwas gehört! Ich kann euch helfen!", rief der Geist fröhlich.

„Was weißt du, kleiner Geist?", fragte Leo neugierig.

„Ich habe gesehen, wie ein riesiger Monster-Halloween-Kürbis mit den Süßigkeiten in einen alten Keller gerollt ist!"

„Ein Kürbis? Das klingt verrückt! Lass uns sofort dorthin gehen!", rief Mia.

Die Freunde liefen zum alten Keller. Dort fanden sie den riesigen Kürbis, der voller Süßigkeiten war. „Da sind sie! Die verschwundenen Süßigkeiten!", rief Max aufgeregt.

„Aber wie kommen wir an die Süßigkeiten ran?", fragte Leo.

„Lass uns den Kürbis aufrollen!", schlug Mia vor.

Gemeinsam schoben sie den Kürbis zur Seite und fanden einen riesigen Vorrat an Süßigkeiten! Plötzlich kamen die anderen Kinder der Stadt, die ebenfalls auf die Suche nach den Süßigkeiten gegangen waren.

„Danke, dass ihr uns geholfen habt!", riefen sie, als sie die Süßigkeiten entdeckten.

„Aber woher kamen die Süßigkeiten?", fragte Mia.

Der kleine Geist grinste. „Das war mein Halloween-Streich! Ich wollte sehen, wer die besten Detektive sind!"

Alle lachten, und die Freunde waren froh, dass sie das Geheimnis gelöst hatten.

Von diesem Tag an wurden Mia, Max und Leo die berühmtesten Detektive der Stadt. Sie feierten Halloween mit all ihren Freunden und vielen leckeren Süßigkeiten!

The Mystery of the Missing Candy

It was just before Halloween, and friends Mia, Max, and Leo were excited. There was a big candy market in the town, and everyone looked forward to buying the tastiest treats. But when they went to the market, the unimaginable happened: all the candy was missing!

"This can't be! Where have all the candies gone?" Mia asked worriedly.

"We have to find out! Let's become detectives!" Max suggested.

"Yes! We need to solve the case!" Leo agreed, pulling a magnifying glass from his pocket.

The three friends set off to gather clues. Their first stop was at old Mrs. Müller's house, who was known for her delicious caramel candies. "Mrs. Müller, have you seen anything suspicious?" Max asked.

"Hmmm, I saw Mr. Schmidt's little dog sneaking around the corner. He had a strange smell, as if he had eaten some candy!" Mrs. Müller told them.

"That's interesting! Let's go to Mr. Schmidt!" Mia said, and they set off.

When they arrived at Mr. Schmidt's house, they saw the little dog frolicking with a caramel candy in his mouth. "Mr. Schmidt! Your dog stole the candy!" Leo shouted.

"My dog? Never! He's a good boy! Maybe he just found it," Mr. Schmidt replied, shaking his head.

The friends were not convinced. "We need to question more suspects," Mia decided.

Their next stop was the playground, where they discovered Mrs. Schneider's mischievous cat. "Mrs. Schneider! Your cat looks like she has eaten the candy!" Max called.

"Oh, my cat is always hungry, but she can't even steal a cookie!" laughed Mrs. Schneider.

"Hmm, it looks like we need more clues," Mia said, disappointed.

Suddenly, a little ghost came around the corner. "Hello! I heard something! I can help you!" the ghost called cheerfully.

"What do you know, little ghost?" Leo asked curiously.

"I saw a huge monster Halloween pumpkin rolling into an old cellar with the candy!"

"A pumpkin? That sounds crazy! Let's go there right away!" Mia shouted.

The friends ran to the old cellar. There they found the huge pumpkin, which was full of candy. "There they are! The missing candies!" Max shouted excitedly.

"But how do we get the candy?" Leo asked.

"Let's roll the pumpkin away!" Mia suggested.

Together, they pushed the pumpkin aside and found a huge stash of candy! Suddenly, the other children from the town, who had also been searching for the candy, appeared.

"Thank you for helping us!" they shouted when they discovered the candy.

"But where did the candy come from?" Mia asked.

The little ghost grinned. "That was my Halloween prank! I wanted to see who the best detectives were!"

Everyone laughed, and the friends were happy they had solved the mystery.

From that day on, Mia, Max, and Leo became the most famous detectives in town. They celebrated Halloween with all their friends and lots of delicious candy!

Der furchtbare Vampir-Detektiv

Es war Halloween, und Graf Vlad, ein etwas tollpatschiger Vampir, hatte beschlossen, ein Detektiv zu werden. Er hatte von den vielen Abenteuern gehört, die echte Detektive erlebten, und wollte sein eigenes Abenteuer erleben.

„Heute Nacht werde ich einen Dieb fangen!", rief Vlad begeistert und schwang seinen Umhang. „Die Stadt braucht einen Vampir-Detektiv!"

Vlad machte sich auf den Weg in die Stadt, um nach Hinweisen zu suchen. Zuerst besuchte er den örtlichen Süßigkeitenladen. „Guten Abend! Ich bin Graf Vlad, der Detektiv!", stellte er sich vor.

„Oh, wirklich? Was wollen Sie hier?", fragte die Verkäuferin mit einem skeptischen Blick.

„Ich habe gehört, dass jemand die Süßigkeiten gestohlen hat! Ich werde den Fall lösen!"

Die Verkäuferin schüttelte den Kopf und deutete auf einen großen Korb voller Süßigkeiten. „Die Süßigkeiten sind hier, Graf. Es gibt keinen Dieb."

„Hmm... das klingt verdächtig!", murmelte Vlad und fiel mit seinem langen Umhang über einen Hocker. „Autsch!"

Die Verkäuferin konnte sich ein Lachen nicht verkneifen. „Vielleicht sollten Sie einen anderen Ort suchen, um zu ermitteln."

Vlad wollte sich nicht entmutigen lassen. „Ich werde nicht aufgeben!", rief er und ging zur nächsten Station: dem Friedhof. Dort hörte er ein leises Rascheln. „Was war das? Ein Dieb?"

Er schlich sich an einen Grabstein heran und sah eine Katze, die mit einem Spinnenetz spielte. „Ha! Ich habe dich, Dieb!", rief Vlad und stürzte vorwärts. Doch er trat auf den Spinnenetz und fiel hin.

„Miau!", machte die Katze und rannte davon.

„Verdammtes Ungeziefer!", murmelte Vlad und rappelte sich auf. „Ich werde die Stadt von diesem Dieb befreien!"

Sein nächster Halt war die alte Bibliothek. „Ich bin Graf Vlad, der Detektiv! Hat jemand die wertvollen Bücher gestohlen?", fragte er die Bibliothekarin.

„Die Bücher sind hier, Graf. Sie sind alle an ihren Plätzen", antwortete sie ruhig.

„Hmm, ich glaube, Sie verheimlichen mir etwas!", sagte Vlad und begann, durch die Regale zu stöbern. Dabei rutschte er auf einem Buchcover aus und fiel in einen großen Stapel Bücher.

„Vampir-Detektive sind tollpatschig!", lachte die Bibliothekarin.

Verwirrt stand Vlad wieder auf. „Ich kann das nicht glauben! Wo ist der Dieb?"

Vlad beschloss, zum Stadtplatz zu gehen. Dort fand er eine Gruppe von Kindern, die verkleidet waren und Süßigkeiten sammelten. „Seid ihr alle Diebe?", fragte er ernst.

Die Kinder lachten. „Nein, Graf Vlad! Wir sind einfach hier, um Halloween zu feiern!"

Vlad wurde rot. „Oh, ich meine, natürlich! Ich bin nur auf der Suche nach dem großen Dieb!"

Plötzlich bemerkte er etwas Seltsames. Ein Schatten bewegte sich hinter einem Baum. „Ich habe dich gefunden, Dieb!", rief er und stürmte los. Doch er hatte nicht bemerkt, dass sein Umhang an einem Ast hängen geblieben war. Er fiel wieder hin und rollte direkt in einen großen Haufen Blätter.

Die Kinder brachen in schallendes Gelächter aus. „Graf Vlad, Sie sind der lustigste Detektiv!"

Vlad schaute verwirrt, aber dann begann er zu lachen. „Vielleicht bin ich nicht der beste Detektiv, aber ich kann das beste Halloween haben!"

Von diesem Tag an entschied Graf Vlad, dass es nicht immer um das Fangen von Dieben ging, sondern um den Spaß und die Freude an Halloween. Und während er die Nacht mit den Kindern feierte, wurde er der beste Vampir-Detektiv, den die Stadt je gesehen hatte – auch wenn er nie einen Dieb gefangen hatte.

The Terrible Vampire Detective

It was Halloween, and Count Vlad, a somewhat clumsy vampire, had decided to become a detective. He had heard about the many adventures real detectives experienced and wanted to have his own adventure.

"Tonight, I will catch a thief!" Vlad exclaimed excitedly, swinging his cape. "The town needs a vampire detective!"

Vlad set off for the town to search for clues. His first stop was the local candy store. "Good evening! I am Count Vlad, the detective!" he introduced himself.

"Oh, really? What do you want here?" the saleswoman asked with a skeptical look.

"I heard someone stole the candy! I will solve the case!"

The saleswoman shook her head and pointed to a large basket full of candy. "The candy is here, Count. There is no thief."

"Hmm... that sounds suspicious!" murmured Vlad as he tripped over a stool with his long cape. "Ouch!"

The saleswoman couldn't help but laugh. "Maybe you should try investigating somewhere else."

Vlad didn't want to be discouraged. "I will not give up!" he declared and moved on to his next stop: the cemetery. There, he heard a soft rustling. "What was that? A thief?"

He sneaked up to a gravestone and saw a cat playing with a spider web. "Ha! I got you, thief!" Vlad shouted as he lunged forward. But he stepped on the spider web and fell down.

"Meow!" the cat said and ran away.

"Darn pests!" Vlad grumbled as he picked himself up. "I will free the town from this thief!"

His next stop was the old library. "I am Count Vlad, the detective! Has someone stolen the valuable books?" he asked the librarian.

"The books are here, Count. They are all in their places," she replied calmly.

"Hmm, I think you're hiding something from me!" Vlad said and began to rummage through the shelves. He slipped on a book cover and fell into a large pile of books.

"Vampire detectives are clumsy!" the librarian laughed.

Confused, Vlad got back up. "I can't believe this! Where is the thief?"

Vlad decided to go to the town square. There, he found a group of children dressed up and collecting candy. "Are you all thieves?" he asked seriously.

The children laughed. "No, Count Vlad! We're just here to celebrate Halloween!"

Vlad turned red. "Oh, I mean, of course! I'm just looking for the big thief!"

Suddenly, he noticed something strange. A shadow moved behind a tree. "I found you, thief!" he shouted and rushed forward. But he didn't notice that his cape had gotten caught on a branch. He fell again and rolled right into a big pile of leaves.

The children burst into loud laughter. "Count Vlad, you're the funniest detective!"

Vlad looked confused but then began to laugh. "Maybe I'm not the best detective, but I can have the best Halloween!"

From that day on, Count Vlad decided that it wasn't always about catching thieves, but about the fun and joy of Halloween. And as he celebrated the night with the children, he became the best vampire detective the town had ever seen—even though he had never caught a thief.

Der unheimliche Jahrmarkt

Es war Halloween, und der Jahrmarkt in der Stadt war in vollem Gange. Die Lichter funkelten, die Musik spielte fröhlich, und die Menschen strömten herbei, um die aufregenden Fahrgeschäfte zu genießen. Doch für eine Gruppe mutiger Kinder, bestehend aus Emma, Ben, Mia und Tom, fühlte sich etwas Seltsames in der Luft an.

Während sie die verschiedenen Attraktionen ausprobierten, begannen merkwürdige Dinge zu passieren. Als sie in der Geisterbahn waren, bemerkten sie, dass die Geister nicht mehr nur aus Pappe waren – echte Geister schwebten durch die Dunkelheit! „Habt ihr das gesehen?", flüsterte Emma, während sie sich an Bens Arm klammerte.

„Das war echt unheimlich", antwortete Ben, dessen Herz schneller schlug. „Wir müssen herausfinden, was hier vor sich geht!"

Die Kinder beschlossen, das Geheimnis des unheimlichen Jahrmarkts zu lüften. Sie begaben sich zur Hauptattraktion, dem großen Riesenrad. Doch als sie näher kamen, bemerkten sie, dass die Kabinen von einem geheimnisvollen Nebel umgeben waren. „Lass uns hineingehen!", schlug Mia vor. „Vielleicht finden wir Antworten!"

Die Gruppe kletterte in eine der Kabinen und als das Riesenrad sich drehte, erblickten sie den gesamten Jahrmarkt von oben.

Plötzlich erblickten sie eine schimmernde Gestalt auf einem der Fahrgeschäfte. Es war ein fröhlicher Geist. „Hahaha!“, lachte der Geist. „Willkommen auf dem unheimlichen Jahrmarkt!“

„Wer bist du?“, rief Tom mutig. „Was machst du hier?“

„Ich bin der Geist des Jahrmarkts!“, erklärte die Gestalt. „Ich bin hier, um den Jahrmarkt lebendig zu halten und den Menschen Freude zu bringen. Aber ich brauche eure Hilfe!“

„Hilfe? Wie können wir dir helfen?“, fragte Emma neugierig.

„Es gibt einen gruseligen Zauberer, der versucht, den Jahrmarkt in einen Ort des Schreckens zu verwandeln. Wenn er Erfolg hat, wird niemand mehr kommen! Ihr müsst ihn aufhalten!“

Die Kinder wussten, dass sie handeln mussten. „Was müssen wir tun?“, fragte Ben entschlossen.

„Findet den Zauberer und fordert ihn zu einem Wettkampf heraus! Nur dann kann der Jahrmarkt gerettet werden!“, erklärte der Geist.

Mit neuer Entschlossenheit machten sich die Kinder auf den Weg, um den Zauberer zu finden. Sie durchsuchten den Jahrmarkt und fragten die Besucher, ob sie etwas über den Zauberer wussten. Schließlich entdeckten sie ihn in einem alten Zelt, umgeben von mysteriösen Requisiten.

„Ah, Kinder! Was wollt ihr hier?“, grinste der Zauberer, während er seinen Zauberstab schwenkte. „Denkt ihr wirklich, ihr könnt mich besiegen?“

„Ja! Wir fordern dich heraus!“, rief Mia mutig.

Der Zauberer lachte und schlug einen Wettkampf vor: „Lasst uns sehen, wer die besten Tricks beherrscht!“

Die Kinder und der Zauberer begannen, ihre besten Zaubertricks vorzuführen. Der Zauberer zeigte beeindruckende Illusionen, aber die Kinder überraschten ihn mit Teamarbeit und Kreativität. Emma jonglierte mit bunten Bällen, Ben machte Zaubertricks mit Karten, Mia tanzte und Tom spielte auf einer kleinen Trommel.

Als die Vorstellung endete, war der Zauberer beeindruckt. „Ihr habt wirklich Talent, Kinder!“, gab er zu. „Aber ich kann nicht einfach verlieren!“

„Das musst du!“, rief der Geist des Jahrmarkts, der plötzlich erschien. „Wenn du verlierst, musst du den Jahrmarkt für immer verlassen!“

Der Zauberer zögerte, dann nickte er widerwillig. „Gut, ich gebe auf. Der Jahrmarkt gehört euch!“

Die Kinder jubelten vor Freude. Sie hatten den Zauberer besiegt und den Jahrmarkt gerettet! Der Geist des Jahrmarkts lächelte und bedankte sich bei ihnen. „Dank euch wird der Jahrmarkt für immer ein Ort der Freude bleiben!“

In dieser Nacht feierten die Kinder mit den anderen Besuchern und dem Geist. Sie hatten nicht nur den Jahrmarkt gerettet, sondern auch eine unvergessliche Halloween-Nacht erlebt.

Und immer wenn sie die bunten Lichter des Jahrmarkts sahen, erinnerten sie sich an ihr Abenteuer und den fröhlichen Geist, der ihnen gezeigt hatte, wie wichtig Mut und Freundschaft sind.

The Haunted Fairground

It was Halloween, and the fair in the town was in full swing. The lights sparkled, the music played cheerfully, and people flocked to enjoy the exciting rides. But for a brave group of kids made up of Emma, Ben, Mia, and Tom, something felt strange in the air.

As they tried out the various attractions, strange things began to happen. While they were on the haunted roller coaster, they noticed that the ghosts were not just made of cardboard—real ghosts were floating through the darkness! "Did you see that?" whispered Emma, clutching Ben's arm.

"That was really creepy," Ben replied, his heart racing. "We need to find out what's going on here!"

The kids decided to uncover the mystery of the haunted fairground. They headed to the main attraction, the giant Ferris wheel. But as they got closer, they noticed that the cabins were surrounded by a mysterious fog. "Let's go inside!" suggested Mia. "Maybe we'll find some answers!"

The group climbed into one of the cabins, and as the Ferris wheel turned, they saw the entire fairground from above. Suddenly, they spotted a shimmering figure on one of the rides. It was a cheerful ghost. "Hahaha!" laughed the ghost. "Welcome to the haunted fairground!"

"Who are you?" Tom called out bravely. "What are you doing here?"

"I am the spirit of the fairground!" the figure explained. "I am here to keep the fair alive and bring joy to people. But I need your help!"

"Help? How can we help you?" Emma asked curiously.

"There's a creepy wizard trying to turn the fair into a place of terror. If he succeeds, no one will come anymore! You have to stop him!"

The kids knew they had to take action. "What do we need to do?" Ben asked determinedly.

"Find the wizard and challenge him to a duel! Only then can the fair be saved!" the spirit explained.

With renewed determination, the children set off to find the wizard. They searched the fairground, asking visitors if they knew anything about the wizard. Finally, they discovered him in an old tent surrounded by mysterious props.

"Ah, children! What do you want here?" grinned the wizard as he waved his magic wand. "Do you really think you can defeat me?"

"Yes! We challenge you!" Mia called out boldly.

The wizard laughed and proposed a contest: "Let's see who can perform the best tricks!"

The children and the wizard began to showcase their best magic tricks. The wizard demonstrated impressive illusions, but the children surprised him with teamwork and creativity. Emma juggled colorful balls, Ben performed card tricks, Mia danced, and Tom played a small drum.

As the show ended, the wizard was impressed. "You really have talent, kids!" he admitted. "But I can't just lose!"

"You must!" shouted the spirit of the fairground, who suddenly appeared. "If you lose, you must leave the fairground forever!"

The wizard hesitated, then reluctantly nodded. "Alright, I give up. The fairground belongs to you!"

The kids cheered with joy. They had defeated the wizard and saved the fairground! The spirit of the fairground smiled and thanked them. "Thanks to you, the fairground will always be a place of joy!"

That night, the children celebrated with the other visitors and the spirit. They had not only saved the fairground but also experienced an unforgettable Halloween night.

And whenever they saw the colorful lights of the fairground, they remembered their adventure and the cheerful ghost who had shown them how important courage and friendship are.